A TRAVERS

LES

ALPES MARITIMES

Vallons de la Guercia et de Ciastiglion.

Col et Sanctuaire de Sainte - Anne - de - Vinadio.

Les Thermes de Vinadio. Vallon d'Ischiator.

Cime de Cialancias (3 011 m.).

PAR

le Chevalier VICTOR de CESSOLE

NICE

IMPRIMERIE VICTOR-EUGÈNE GAUTHIER ET Cie

27, Avenue de la Gare, 27

1896

A TRAVERS LES ALPES MARITIMES

(Extrait du 16ᵐᵉ Bulletin de la Section des Alpes-Maritimes du Club Alpin Français).

Cliché de M. Francis Peyron.

Phototypie Berthaud, Paris.

Cime de Cialancias (3011 mètres).

A TRAVERS

LES

ALPES MARITIMES

Vallons de la Guercia et de Ciastiglion.

Col et Sanctuaire de Sainte-Anne-de-Vinadio.

Les Thermes de Vinadio. Vallon d'Ischiator.

Cime de Cialancias (3,011 m.).

PAR

le Chevalier VICTOR de CESSOLE.

NICE

IMPRIMERIE VICTOR-EUGÈNE GAUTHIER ET Cᵒ

27, Avenue de la Gare. 27

1896

A TRAVERS LES ALPES MARITIMES

Vallons de la Guercia et de Ciastiglion.
Col et Sanctuaire de Sainte-Anne-de-Vinadio.
Les Thermes de Vinadio. Vallon d'Ischiator.
Cime de Cialancias (3 011 m.)

Les touristes qui connaissent les régions élevées des
Alpes Maritimes s'accordent à leur reconnaître tous les
caractères de la grande montagne, et rien n'est plus suggestif
que de pouvoir se transporter en quelques heures des rives
de la Méditerranée au pied des hautes cimes couvertes de
neiges. En quittant Nice par le dernier train du Sud, on
peut, le jour suivant, entreprendre sur les versants des
vallées alpestres du département et au-delà même de la
frontière de très pittoresques excursions. C'est dans le but
d'explorer les sites de Sainte-Anne-de-Vinadio et du vallon
d'Ischiator que le 12 août 1894 je remontais, avec le docteur
Émile Sauvaigo, la Tinée jusqu'à Isola, où je quittai le
courrier le lendemain matin à 4 heures, laissant mon ami
continuer sa route jusqu'à Saint-Étienne. Je ne m'arrêtais à
Isola que le temps nécessaire pour m'enquérir d'un porteur,
Ephiglus Musso, qui fut bientôt prêt à m'accompagner.

Vallons de la Guercia et de Ciastiglion. — Au sortir du village, que nous quittons à 5 heures du matin, le sentier commençant à suivre la rive droite du *vallon de la Guercia* prend son origine non loin du cimetière pour passer bientôt après devant la chapelle de la Madone et le poste des douanes. Des marronniers, très forts de taille, végètent superbement en fournissant de poétiques ombrages. Au bout de dix minutes, le regard est déjà sollicité par la vue des prairies et de la cascade de Louch, au-delà de la Tinée.

Le chemin de la Guercia est un des plus importants de la région parce qu'il conduit de la Tinée aux cols de la Guercia, de Sainte-Anne, de la Lombarde, du Drus et de Merciera ; cette voie de communication, large et empierrée, s'élève très doucement au pied de deux murailles de rochers à pic d'une hauteur d'environ 200 mètres. Les eaux de la Guercia s'écoulent donc dans une gorge profonde à parois complètement escarpées. Le profil de hautes montagnes s'estompe au fond de la vallée.

Après être passés au lieu dit *Praguigo*, au-dessous du quartier de *Ciastans*, auquel on accède par un petit sentier, nous arrivons à 5 heures 40 au pont du Planet et, en un instant, à la frontière d'Italie marquée sur une pierre. Le baromètre indique 1 075 mètres environ d'altitude.

Le vallon que nous devons suivre ne prend le nom de *Ciastiglion* qu'à son confluent avec la Guercia et le premier n'est par conséquent que l'affluent du second. Les eaux de la Guercia, coulant dans un lit très incliné, ont produit de tout temps des ravages incalculables : dans le cours des siècles, ce redoutable torrent alpin a plusieurs fois détruit les habitations d'Isola, que l'on a dû par suite reconstruire sur de nouveaux emplacements.

Nous voyons, de l'autre côté du vallon, au confluent de la Guercia et de Ciastiglion, les granges du *Planet* et, un peu plus haut, les belles verdures de la *Guercia sottrana*, qu'alimentent les eaux du Lausfer. De pittoresques cascades

jaillissent dans la Guercia, et il est à remarquer qu'au pied
de la plus importante chute la force de l'eau produit un
immense jet au travers du rocher : c'est d'un coup d'œil
saisissant.

Le chemin de la Guercia serpente dans la prairie sur les
bords du vallon et remonte jusqu'aux granges de la Guercia
(1 425 m.), à partir desquelles il bifurque dans deux directions
différentes : d'un côté, il conduit par le vallon du Lausfer au
Sanctuaire de Sainte-Anne-de-Vinadio, et de l'autre, en
suivant le vallon de *Cabane Moutons*, au col de la Guercia,
et par ce passage à S. Bernolfo ou Bernoui, Callieri et les
Thermes de Vinadio. Le visiteur trouvera là une vaste et
belle région alpine, où la richesse des pâturages apparaît
parfois au milieu des sites les plus sauvages : les environs
du *Lausfer*, à 2 544 mètres, attirent surtout l'attention
du touriste. Cette dénomination, comme celles des deux
lacs Fer situés, l'un sous la cime du Ténibres et l'autre dans
le haut vallon de S. Bernoui entre les cimes de Cialancias
et de Malaterra, indiquent que ces lacs se trouvent dans des
endroits scabreux et dénudés.

Le *col de la Guercia* (1), à 2 451 mètres, s'ouvre entre la
Tête de l'Autaret (2 762 m.) et la Testa Rognosa de la Guercia
(2 692 m.) : son sentier, très pratiqué en été, amène dans le
vallon de même nom, où il s'amorce sur les bords du lac et
sous le rocher de S. Bernoui, au chemin qui par le Pas
de Collalunga fait communiquer les Thermes de Vinadio
avec Douanse et le Bourguet, hameaux de Saint-Étienne-de-
Tinée. Ce n'est pas par la Guercia que nous comptons
nous rendre aujourd'hui aux Thermes de Vinadio, mais par
le col de Sainte-Anne. Il nous faut donc continuer notre
route sur un sentier pierreux jusqu'au pont de la *Ciauciera*,
à 1 400 mètres, auprès duquel sont étagées quelques granges.

---

(1) Ce col est quelquefois appelé *col d'Isola* pour indiquer qu'il
conduit à ce village.

Nous apercevons au loin derrière nous le Mont Monnier flanqué de ses effrayantes barres. Il est alors 6 heures 30 et à 6 heures 40 nous poursuivons notre chemin, qui se déroule en lacets jusqu'au pied de deux mamelons, roches recouvertes de gazon, dénommés Ciastellar et Ciastellaron, formant comme un barrage naturel, puis commence à s'élever sur les pentes de la montagne.

A partir de ce point, on quitte le *vallon de Ciastiglion*, dans lequel la commune d'Isola possède d'importants pâturages ; sur la rive droite paraît un vaste baraquement destiné à abriter les génisses que l'on fait pacager dans ces régions. A quelques kilomètres plus haut se trouve la vacherie communale. Les fromages qui s'y fabriquent sont réputés pour leur qualité exquise. A ces pâturages il faut ajouter ceux de Teisina, du Vallon des Bains, de Cabane Moutons, de Saboulet, de Sainte-Annette, de l'Adreç, de Ciastiglion, de Lausette et de Merlier, que la commune loue tous les trois ans.

Le haut vallon de Ciastiglion revêt une physionomie tout à fait alpine, notamment du côté du vallon de Terra Rougia ou Rubbia, que j'ai traversé deux fois l'été dernier en venant des Thermes de Valdieri à Saint-Martin-Vésubie par Valscura, le pas du Drus et le col de Merciera. Les lacs de Terra Rougia gisent au pied du Malinvern (1) et de la Testa Comba Grossa.

Col de Sainte-Anne. — Tout en gravissant le sentier du col, nous ne pouvons qu'admirer le versant est du Mont Monnier et au fond du vallon de Ciastiglion la masse noirâtre du Mont Saint-Sauveur et les cimes plus rapprochées de Pignal, Merlier, Mena et Crosillias, formant une ligne de faîte entre ce vallon et la Tinée. La montée est assez raide et parfois fatigante, avant d'arriver à l'abri en pierres sèches bâti par la commune d'Isola, il y a une quinzaine d'années,

(1) *Malinvern* signifie mauvais hiver.

pour servir de refuge aux voyageurs, surtout en temps d'orage. De distance en distance, sont échelonnés des poteaux indicateurs destinés à guider les passagers, lorsqu'en hiver la montagne disparaît sous la neige. De l'abri au col, il y a à peine une dizaine de minutes de marche et à 8 heures 50 nous arrivons au *col de Sainte-Anne*, en franchissant un couloir de 10 à 15 mètres de longueur sur 0,60 à 0,80 centimètres de largeur, qui se trouve au-dessous du rocher surmonté d'une croix en bois.

L'ancien chemin muletier, tel que l'indique la carte sarde, montait autrefois beaucoup plus haut : arrivé sur le sommet, il descendait le long de la crête jusqu'au point où aboutit actuellement la nouvelle route construite en même temps que l'abri. Les piétons, pour éviter ce long trajet, prenaient alors un sentier très rude qui laissait le chemin muletier vers le milieu de la traverse entre l'abri et le sommet des lacets : ce sentier aboutissait directement au col. Cette voie n'est plus guère suivie depuis que la rectification du chemin muletier a facilité le parcours et raccourci les distances.

Le col de Sainte-Anne (1) est des plus connus dans les Alpes-Maritimes : son altitude est fixée à 2 318 mètres par toutes les cartes italiennes, celle du ministère de l'Intérieur et le Guide de Vaccarone, tandis que la carte sarde n'indique que 2 272 mètres.

Ce col, dont l'échancrure se découvre entre les contreforts des cimes de Sespoul, du Lausfer et de Moravacciera, passe pour être en hiver extrêmement dangereux, à cause de l'énorme quantité de neige et des tourmentes fréquentes qui rendent la route difficile à franchir.

On se souvient encore dans le pays de la catastrophe sur-

(1) Le col de Sainte-Anne est plus habituellement désigné à Isola sous le nom de *col de la Porticiola*, c'est-à-dire, de la petite galerie. Cette dénomination provient apparemment de l'étroit couloir qui forme l'ouverture du col, inexactement appelé *col Porticiol* par la carte postale, télégraphique et des chemins de fer des Alpes-Maritimes.

venue sur ce point il y a environ sept ou huit ans : en plein
cœur de l'hiver, sept voyageurs venant des vallées italiennes
tentèrent de rentrer en France en traversant le col de Sainte-
Anne, mais les difficultés furent telles qu'ils ne purent y
réussir et périrent au passage même du col. Les cadavres
restèrent un mois enfouis dans la neige et, découverts par
un passager, ils furent à grand'peine transportés et inhumés
à Isola.

Ce n'est, d'ailleurs, pas seulement sur les hauts sommets
que l'on est exposé à se trouver aux prises avec les rigueurs
de la montagne, comme en témoignent les accidents qui se
sont produits il y a quelques mois dans des parties relati-
vement peu élevées de notre département.

Dans la matinée du 24 novembre 1895, un furieux ouragan
s'est déchaîné sur les régions du Var et de la Tinée. Trois
douaniers, en tournée au-dessus du village de Rimplas, ont
été surpris par une tempête de neige : l'un d'eux, enlevé par
le vent est mort de froid, tandis que les deux autres, après
avoir cruellement souffert et couru le risque de perdre la
vie, ont eu plusieurs doigts des mains gelés. Le même jour,
un cultivateur du quartier de la Colle, commune de Péone,
au pied du Mont Monnier, précipité par le vent à plusieurs
mètres de sa maison, était aussitôt recouvert par la neige :
le corps de ce malheureux n'a pu être retrouvé que le
lendemain.

Ces deux funestes événements prouvent donc que la bour-
rasque sévit parfois épouvantable sur les flancs des montagnes
et les indigènes eux-mêmes, tout habitués qu'ils sont aux
tristes surprises du temps, ne peuvent pas toujours résister
au déchaînement subit des éléments : si le col de Sainte-
Anne est réputé périlleux, je pense que cela tient à ce que ce
passage étant censé praticable toute l'année (1). les voyageurs

---

(1) Le touriste, venant d'Isola, pourra en effet essayer en plein
hiver de gravir le col pour aller au Sanctuaire de Sainte-Anne.

se risquent parfois à le franchir par un temps incertain, alors qu'ils devraient attendre une éclaircie avant d'en opérer la traversée.

Au-delà du col se trouve un autre abri. A 9 heures, nous descendons vers la vallée d'Orgials, en laissant un peu à droite le lac de Neucera, tandis que nous arrivons au Gias et aux Prés de Sainte-Anne, qui sont la propriété de la commune d'Isola et au-dessus desquels s'étendent les trois petits lacs de Sainte-Anne.

Non loin du Gias, on aperçoit une grande pierre ayant trois mètres environ de hauteur et plus de deux mètres de largeur : ce bloc porte l'empreinte de deux pieds. Selon la tradition, sainte Anne serait venue se reposer à cet endroit. Le temps semble faire disparaître peu à peu la netteté primitive de l'empreinte. Tous les passagers vont visiter ce rocher curieux, qui a été rendu accessible par un escalier.

Sanctuaire de Sainte-Anne-de-Vinadio. — Nous sommes bientôt rendus auprès de la chapelle de la Transfiguration qui, dépendant de la commune d'Isola, forme pour les Isoliens un but de pèlerinage le dimanche après le 6 août. Tout à côté s'élèvent lés constructions du célèbre *Sanctuaire de Sainte-Anne-de-Vinadio* (1), qui attire aussi tous les ans, les 25, 26 et 27 juillet et le 24 août, de nombreux pèlerins. Cet antique Sanctuaire, dont la fondation doit être attribuée à une idée charitable et humanitaire, appartient à la commune de Vinadio et est dirigé par le conseil d'administration de la Congrégation de Charité et de l'Hospice de Vinadio. La maison de refuge ou hôtel de Sainte-Anne ainsi que ses dépendances et les pâturages environnants sont mis en adjudication publique tous les six ans au prix de 1 200 francs.

Voici quelles étaient autrefois les obligations du Gardien,

(1) On pourrait consulter avec intérêt : *Cenni storici sul Santuario di Sant'Anna di Vinadio.*Cuneo, 1849, in-16 de 86 p., si cette petite brochure n'était devenue presque introuvable.

vulgairement appelé *Randiere* et dans le langage du pays *Rendier :*

« 1º On exige du Gardien la plus exacte surveillance sur la conservation de l'église de Sainte-Anne, d'ouvrir et fermer les portes en temps utile, et de donner un prompt avis à l'administration des détériorations survenues et de tout accident préjudiciable.

« 2º Le Gardien est rigoureusement tenu d'éloigner les bêtes de tout genre, tant les siennes comme celles des autres, afin qu'elles ne pénètrent pas sous les portiques de l'église pour les souiller et les salir, et cela sous peine de faire les réparations à ses frais.

« 3º Il devra toujours avoir à sa disposition une quantité raisonnable de comestibles, de vin, de café, de sucre, de liqueurs, suffisante pour pourvoir au besoin des passagers, et il devra, dans la vente de ces denrées, se conformer au tarif suivant. Le vin pourra être vendu deux sous de plus par pinte que celui qui se vend chez les aubergistes du chef-lieu ; le prix du fourrage est fixé à douze sous le rup, le lait quatre sous la pinte, le fromage frais quatre sous la livre, le pain deux centimes de plus que celui qui se vend au chef-lieu. Ces divers comestibles devront être de même qualité que ceux en usage dans la commune.

« 4º Il est obligé de tenir une quantité suffisante d'avoine pendant le temps où les voyageurs traversent cette montagne avec des bêtes de charge.

« 5º Il est tenu d'avoir au moins deux lits munis du nécessaire, à l'usage des voyageurs, et spécialement pour les malades, qui doivent être gratuitement logés, surtout les jours de fêtes.

« 6º Le Gardien devra, sans frais, fournir aux passants pauvres les vivres nécessaires à leur subsistance.

« 7º En cas de vents ou d'orages, il doit gratuitement procurer des guides aux voyageurs, selon qu'il sera nécessaire.

« 8° Il devra sonner fréquemment la cloche pendant la nuit, lorsque les montagnes sont couvertes d'épais nuages et que le vent souffle avec violence, afin qu'elle puisse servir de guide aux voyageurs détournés de la route pour les diriger vers l'hospice.

« 9° Il devra aussi tenir deux robustes chiens pour se défendre contre le loup et pour prêter assistance aux voyageurs égarés.

« 10° L'obligation rigoureuse du Gardien est d'accueillir et d'abriter tant les personnes pieuses, qui viennent au Sanctuaire pour remplir leurs vœux, que les personnes qui traversent cet endroit, de les traiter selon les règles de la charité chrétienne, à quelque condition qu'elles appartiennent.

« Il incombe à l'Administration et en particulier au Président, de veiller sur l'observation des susdits articles pour les faire exécuter, dans l'intérêt des passagers et à l'honneur de cette pieuse Institution et du Sanctuaire. »

Ces obligations n'ont subi que des modifications de détail et elles continuent aujourd'hui à être appliquées dans leur esprit primitif.

D'après le cahier des charges, le Gardien doit habiter l'auberge toute l'année pour hospitaliser les voyageurs et entretenir pendant l'hiver un poêle constamment allumé. Il doit loger un minimum de dix vaches dans l'étable, afin que celle-ci conserve une température assez chaude pour réchauffer les voyageurs transis par le froid.

Il est obligé de sonner la cloche trois fois par jour, dans le but de guider les passants égarés (1).

Par contre, il a le droit de tenir pour son compte sur les

______

(1) Dans sa *Chorographie des Alpes-Maritimes*, p. 27, ch. X, Gioffredo fait mention de cet ancien usage, d'après lequel « un ermite avait l'habitude d'indiquer le passage au son d'une cloche, lorsqu'après une chute de neige, il n'était plus possible de reconnaître le sentier. »

pâturages du Sanctuaire jusqu'à vingt vaches et cent cinquante chèvres et moutons et il peut exploiter à son profit l'hôtel et ses dépendances selon les règles et usages établis.

Pendant trois mois d'été, un chapelain réside au Sanctuaire. Les garde-chasse du roi d'Italie sont autorisés à se réfugier dans l'ancienne chapelle, aménagée à cet effet, aux frais de la commune d'Isola (1).

Indépendamment des appartements du chapelain et de l'hôtelier, de l'auberge et de la vacherie, un vaste bâtiment, contenant une cinquantaine de lits pour les étrangers, est attenant à la chapelle, qui, très spacieuse, est beaucoup plus importante que celle de la Madone de Fenestre : elle possède de nombreux ex-voto. Le parquetage est disposé sur une forte inclinaison pour éviter tout danger d'inondation. Il est, paraît-il, intéressant d'assister à un jour de pèlerinage dans ces régions élevées et solitaires : tous les environs sont alors envahis par des milliers de fidèles qui accourent des vallées de la Tinée, de l'Ubaye (Barcelonnette), du Var et de la Stura et, en grande partie, campent pendant la nuit dans la chapelle même.

Un immense incendie détruisit presque entièrement, le 28 juillet 1888, les constructions du Sanctuaire. Le lendemain du grand pèlerinage annuel, vers 2 heures du matin, le feu éclatait dans le dortoir où reposaient des centaines de pèlerins. En un instant tout le monde fut sur pied. Le vent soufflait avec violence, aidant ainsi les flammes à accomplir leur œuvre : tous les efforts purent à peine empêcher une destruction complète. On réussit à sauver dans l'église quelques meubles et ornements, un certain nombre de précieux ex-voto et la statue de la sainte. Fort heureusement il n'y eut pas de mort d'homme à déplorer.

____

(1) On sait que ce souverain loue, pour une somme annuelle de 600 francs, payable en monnaie française, le droit de chasse, pour le chamois seulement, sur les montagnes que la commune d'Isola possède sur le territoire italien.

L'administration fit de nouveau reconstruire le Sanctuaire sur l'emplacement qu'il occupait précédemment.

Situé à 2 010 mètres environ d'altitude, au-dessous de la cime de Teisina, il s'élève au milieu des superbes prairies de Sainte-Anne qui dominent le vallon d'Orgials, lequel communique par le col de la Lombarde avec le haut vallon de Ciastiglion. En face, au-delà de l'Orgials, paraissent la Pointe Maladeccia, la Tête Gias des Lacs, le col et le Mont de l'Aver, le col des Morts formant une ligne séparative d'avec le vallon du Rio Freddo ; puis, le Mont de la Vallette, les Cimes d'Orgials et de la Lombarde et la Tête de l'Adré de Paris limitent le haut vallon d'Orgials (1).

De nombreux sentiers relient le Sanctuaire aux divers points de la région et en dehors des chemins indiqués plus haut, il faut encore noter celui qui mène à Vinadio en suivant le cours du vallon de Sainte-Anne, puis celui qui, prenant sous la cime de Teisina le vallon de la Rocca Lion, conduit à Callieri par les vallons de Teisina ou de la Soma, enfin le chemin du Pas de Bravaria et du vallon d'Isciauda que nous allons suivre pour gagner les Bains de Vinadio.

En arrivant vers 9 heures 30 à Sainte-Anne, nous tombons en plein campement et au milieu des manœuvres des alpins italiens.

Nous nous attendions à répondre ici aux interrogations des carabiniers, mais ceux-ci ne paraissent pas : deux douaniers viennent auprès de nous remplir leur office. La lecture de mon passeport les ayant satisfaits, nous allons déjeuner à l'auberge. La présence des troupes a contribué à diminuer

(1) On dit vulgairement et on lit dans la plupart des anciens ouvrages que le Sanctuaire de Sainte-Anne s'élève sur la montagne d'Orgials ou d'Orgias. Il serait plus exact de reconnaître, ainsi que je viens de l'indiquer, que le Sanctuaire se trouve sur un monticule au-dessus du vallon d'Orgials, car le point dénommé Cime d'Orgials et coté sur la carte italienne au 50 000e à 2 650 mètres est situé près du Mont de la Vallette, de l'autre côté du vallon d'Orgials et en contre-haut des lacs du même nom.

les ressources de l'endroit, ce qui nous force à tirer nos provisions du sac.

Pas de Bravaria et vallon d'Isciauda. — Après nous être reposés pendant près de deux heures et avoir visité le Sanctuaire et ses dépendances, nous nous engageons, à 11 heures 15, sur le sentier du Pas de Bravaria dans la direction nord-ouest. La montée est insensible, mais devient assez rapide à partir de la *Gorgia Malgiassa*, avant que nous ne touchions au plateau dans lequel s'étendent sous la Tête Mouton les eaux d'un petit lac. Cette traversée à mi-côte dure quarante minutes, et en voyant le chemin de Vinadio suivre en contre-bas les contours de la vallée, nous constatons qu'à un moment donné les eaux de l'Orgials, qui reçoit le nom de vallon de Sainte-Anne, à partir du pied du monticule sur lequel se trouve le Sanctuaire, se perdent dans le gravier pour ressortir plus loin ; le vallon reprend alors son cours naturel et accidenté.

Nous passons une bonne demi-heure sur les bords du lac, puis nous revenons sur le sentier pour arriver à 1 heure 15, par la *Côte dénudée des Meizarat*, au *Pas de Bravaria* (2 311 m.) (1), dominé par le superbe Roc de Bravaria. Nous ne tardons pas à descendre dans les prairies du vallon d'*Isciauda* et nous traversons des champs gazonnés, où les rhododendrons se mêlent à une brillante végétation alpine. Un peu avant la Fontaine Froide, un petit sentier serpente sur la rive droite et, par le col de Pemacion, entre le Mont les Steliere et le Mont Fourica, conduit à la Traversa dans le vallon des Bains.

Nous sommes bientôt à la *Fontaine Froide,* où commence en réalité le cours d'Isciauda. Au détour d'un mamelon et sur les bords du vallon, nous apercevons, à une cinquantaine de mètres, une bande de chamois que l'éclat de nos voix et le bruit de nos pas n'ont pu mettre en éveil, à cause de la

(1) Ce passage est aussi dénommé *Collet de Bravaria* ou d'*Isciauda*

rumeur des eaux : c'est une agréable surprise de pouvoir à
si petite distance assister aux ébats de ces gracieux ani-
maux, que notre apparition subite ne tardera pas à chasser
avec une rapidité prodigieuse.

Thermes de Vinadio. — De charmants bosquets de
mélèzes ornent les pentes de la rive gauche et, après avoir
dépassé le Gias et la fontaine d'Isciauda, nous entrons
entièrement sous bois. Le sentier descend très rapidement
et nous dévalons par une côte qui nous amène vers 3 heures
à l'Établissement des Bains, où nous comptons passer le
reste de la journée.

Les Thermes de Vinadio sont situés à 1 330 mètres
d'altitude, sur la rive gauche de l'Ischiator, au point où les
eaux de ce torrent se mêlent à celles du vallon des Bains :
celui-ci, affluent de la Stura, s'appelle aussi, à partir de son
confluent avec l'Ischiator, vallon de la Traversa, tandis
que divers auteurs dénomment la partie supérieure de son
cours vallon de S. Bernoui ou de Corborant (1) ; les deux
importants vallons dès Bains et d'Ischiator reçoivent à leur
origine les eaux provenant du versant oriental de nos Alpes
franco-italiennes, comprises entre le Grand Chignon de
Rabuons ou Bec-Haut de l'Ischiator et la Tête de l'Autaret.

D'apparence modeste, l'Établissement thermal s'élève au
pied du Mont Oliva, dans une agréable et riante plaine, dont
l'inclinaison est orientée vers le midi.

Les sources minérales de Vinadio, de réputation très
ancienne, puisqu'elles auraient déjà été utilisées à l'époque
romaine, attirent pendant l'été beaucoup de baigneurs qui
trouvent dans ces eaux chlorurées, sulfureuses, un remède
réellement efficace. Ces fontaines jaillissent nombreuses en
plusieurs endroits et sont employées à divers usages, ainsi
que le comporte une installation hydrothérapique moderne.

(1) Ces deux appellations doivent s'appliquer aux torrents qui
alimentent le vallon des Bains, en amont de Calliéri et de
S. Bernoui.

Elles servent en même temps aux applications de boues et de conferves *(muffe)*, comme celles d'Acqui et de Valdieri. La source la plus curieuse est certainement celle qui sort de fissures rocheuses à une température de 63° centigrades : cette étuve naturelle forme en quelque sorte la spécialité des cures de Vinadio.

Mais je n'ai pas à traiter ici des conditions de cette station balnéaire : dès le xvime siècle, des ouvrages spéciaux lui ont été consacrés et je ne puis que renvoyer aux publications plus récentes de Joanne (1), du docteur Rabaioli (2), du docteur Marchisio (3) et d'autres auteurs.

Vinadio (4), à 45 kilomètres environ de Coni par la route de voitures, est aussi une station climatérique recherchée à cause de la salubrité et de la fraîcheur de la température. Le voisinage des hautes cimes qui entourent le vallon des Bains suffit pour en faire un délicieux point d'arrêt, et, de quelque côté que le touriste veuille diriger ses pas, il peut trouver des buts d'excursions, tels qu'on les rencontre dans la grande montagne : qu'il s'élève jusqu'au Sanctuaire de Sainte-Anne, qu'il remonte le vallon des Bains jusqu'à Callieri et S. Bernoui en visitant les parties supérieures de cette belle vallée, ou bien qu'il gagne les sommets escarpés de Rabuons par le vallon d'Ischiator, ce sont là tout autant de courses merveilleuses.

Vallon d'Ischiator. — Cette seconde vallée engage plutôt le touriste par la variété des sites qu'elle renferme.

(1) *Les Bains de l'Europe.* Paris, 1880, p. 589.

(2) *Guida alle Terme di Vinadio.* Torino, 1887.

(3) *De l'action des boues sulfureuses*, mémoire présenté au Congrès international de climatologie et hydrologie de Biarritz, en 1886.

(4) En italien, *Vinadio*, et dans toutes les anciennes cartes du siècle passé, *Vinai* ou *Vinaj*, qui a subsisté dans le langage vulgaire. L'étymologie de Vinadio dériverait selon les uns de *cino di Dio*, par allusion à l'efficacité des eaux thermales, et plus exactement, selon les autres, de *renatio*, parce que cette région a toujours été très giboyeuse.

Défendue par une double enceinte de monts élevés, atteignant jusqu'à près de 3 000 mètres, elle offre le caractère de la véritable région alpine. Ses eaux s'écoulent des flancs du Grand Chignon de Rabuons et des contreforts de la Cialancias : au printemps et en été, le torrent d'Ischiator, aussi redoutable que la Guercia, devient parfois très dangereux à cause de l'impétueuse soudaineté de son cours. Que de fois n'a-t-il pas emporté les petites constructions édifiées au point où se trouve aujourd'hui l'Établissement thermal.

On conserve encore dans la vallée le triste souvenir des ravages qu'il causa au commencement du mois d'août 1853. Un bruit sourd se produisit un jour subitement : c'était le torrent qui arrivait à l'improviste en se précipitant avec une force irrésistible : il traînait avec lui des quartiers de rochers dont la masse brisait tout au passage. Les habitations des Bains ne purent que difficilement échapper à la destruction. A côté de Ruà, Besmorello et jusqu'auprès du Villars, les rives du torrent portent l'étrange marque des érosions séculaires.

Mon séjour à l'Établissement fut de courte durée : malgré les charmantes heures de repos passées dans cette station, que je considère pour un touriste comme un point d'arrivée et de départ très commode, mes projets me ramenaient le lendemain vers des régions plus élevées. Nous ne partîmes qu'à 5 heures 50 du matin.

Il faut traverser l'Ischiator pour arriver à *Ruà*, petit hameau non loin des Bains, sur la rive droite du torrent. A côté se dressent les habitations de *Besmorello*, autre bourg alpestre. De ces deux points, situés au pied du Mont Coïta, la vue se prolonge très pittoresquement au travers des larges ouvertures des vallons de S. Bernoui et de la Guercia, laissant paraître le roc de S. Bernoui et les cimes qui avoisinent le col de la Guercia. Nous suivons un bon sentier au milieu des prairies, que limite le bois de Besmorello ; en face, sur l'autre bord, sont échelonnés divers hameaux ·

Chiaret, Luca et le Villars. Le vallon coule entre deux parois rocheuses, que la violence du torrent a taillées perpendiculairement : c'est ce que les gens du pays appellent la *fessura*. Cette fente est un défilé très étroit.

Le troisième hameau, le *Villars*, comprend trois parties : le Haut Villars, le Villars du Milieu, près duquel le chemin se déroule sur la rive gauche pour passer ensuite sous le Villars Dernier et revenir sur la rive droite au Prà del Melzo. Nous atteignons ce deuxième pont à 6 heures 50. Au Villars s'amorce le sentier qui par le Pas des Collettas mène à Pietraporzio.

Vers le milieu du vallon, une superbe cascade se précipite sur les rochers : cette masse d'eau offre un point de vue intéressant, tandis que sur les crêtes qui limitent le fond de la vallée se détache hardiment le Grand Chignon de Rabuons. Cette cime est, du reste, visible de presque tous les points de la région. Au bout de vingt-cinq minutes, nous trouvons sur notre route les fontaines indiquées sur les cartes et après avoir gravi une pente rocheuse, entrecoupée de quelques parties gazonnées, nous arrivons dans une grande plaine verdoyante, qui forme comme une oasis dans ces endroits élevés. Les yeux sont agréablement surpris par le changement qui vient de se produire presque tout à coup : alors que le vallon coulait en contre-bas bruyant et tourmenté, il laisse murmurer ici ses eaux à travers les pâturages, sur des bancs de rochers dont la limpidité des flots fait mieux encore ressortir l'éclatante couleur rouge. De chaque côté, les versants de la vallée apparaissent tapissés de verdure. A notre gauche, commence le sentier du Pas de la Sejta conduisant au hameau de S. Bernoui.

A 7 heures 50, nous atteignons la dernière cabane pastorale, puis au bout d'un quart d'heure, à 2 072 mètres d'altitude, se présentent à nos yeux les deux *lacs d'Ischiator*, dont la situation au milieu des prairies est singulièrement alpestre. Leur étendue n'est pas bien grande, mais leurs abords sont très agréables : quelques îlots émergent très gracieusement

à la surface des eaux. Les indigènes les appellent les *lacs
blanc et bleu*, à cause des couleurs qu'ils empruntent en été,
à certains moments de la journée, aux points environnants.

Laissant à notre gauche un sentier qui part des lacs pour
conduire à S. Bernoui par le Pas Laroussa (2 458 m.)
entre le Mont Cougn et le Mont Laroussa, et à notre droite
celui qui mène au Pas de Rostagno près du Bec Haut de
Rostagno et de là dans le vallon du Piz, nous continuons à
remonter la vallée par une pente d'éboulis et de rochers. A
mesure que nous nous élevons, nous admirons mieux à nos
pieds, dans la plaine, les deux lacs d'Ischiator. Cette ascension
dure près d'une heure ; elle est parfois assez fatigante.

Nous atteignons à 9 heures une terrasse rocheuse sur
laquelle s'étend le *lac di Mezzo* ou *lac du Milieu* (2 393 m.) ;
à côté se trouve un autre petit lac. Les eaux de ces
bassins élevés se perdent dans des amas de blocs pour sortir
à une centaine de mètres plus bas, sur la pente que nous
venons de gravir. Le lac est de toutes parts entouré de hautes
murailles rocheuses : le Grand Chignon de Rabuons nous
domine de ses 3 008 mètres. La combe du lac du Milieu forme
un vaste demi-cercle, dans lequel le vallon d'Ischiator prend
en réalité son origine. En arrivant sur les bords arides du
lac, où nous comptons déjeuner, nous surprenons une
dizaine de chamois qui s'empressent de nous montrer de
quelle agilité et de quelle vitesse ils sont capables. Sem-
blant dédaigner le terrain facile, ils s'engagent dans des
escarpements rocheux que la bande effrayée traverse d'un pas
rapide et sûr. Nous pouvons les suivre longtemps du regard
dans cette effrayante escalade, qui a bien l'air de n'être qu'un
jeu pour eux ; puis ils disparaissent au contour de l'arête
qui nous sépare de la combe latérale, où se trouve le lac de
Laroussa, au pied de la montagne de ce nom (2 905 m.).

Nous jouissons de la première partie de cette excursion en
contemplant les rudes élévations qui nous entourent. Notre
déjeuner terminé, nous reprenons, à 10 heures, notre marche

ascensionnelle, qui ne tardera pas à devenir plus pénible. A notre droite, est indiqué le sentier du *Pas de Laris*, point de séparation entre le Bec Haut de Rostagno et le Grand Chignon de Rabuons. C'est cette direction qu'il faut suivre pour escalader cette seconde cime, l'une des plus intéressantes peut-être de cette région.

Pas d'Ischiator. — Nous grimpons, à gauche du lac, dans des rochers très inclinés ; des blocs et des éboulis se présentent tour à tour sous nos pas : tel est le sentier du Pas d'Ischiator. De terribles parois rocheuses se dressent au-dessus de nous et c'est après une nouvelle ascension de près d'une heure que nous nous trouvons en vue du *lac Dernier* ou *lac Supérieur* (2 770 m.). Enfermé dans une espèce de bas-fond, dont les alentours sont formés d'énormes amoncellements de rochers, ce lac n'a pas de déversoir apparent. Il est rare, à cause de l'altitude, de le trouver dégelé, mais la neige peu abondante de l'hiver dernier et le beau temps permanent de cet été nous permettent de voir le lac sans glaces. A peine quelques flaques de neige se montrent çà et là. Une série de cimes pointues dominent cette cuvette d'eau, qui est en quelque sorte le point extrême du vallon d'Ischiator.

Une dernière grimpade d'une petite demi-heure est encore nécessaire pour aboutir à l'arête aiguë sur laquelle est entaillé le *Pas d'Ischiator* (2 860 m.) (1), un des points de communication les plus élevés et les plus ardus de notre montagne. Je n'entends pas dire qu'il offre de vraies difficultés au touriste exercé, je veux plutôt faire remarquer qu'il ne peut être atteint du côté d'Ischiator comme par le versant de Rabuons qu'à l'aide d'une escalade peu aisée ; c'est la route la plus directe entre Saint-Étienne-de-Tinée et Vinadio, quand les neiges n'en empêchent pas le parcours.

---

(1) Ce passage était autrefois dénommé, comme il l'est encore aujourd'hui sur la carte de M. Conte-Granchamps, *Pas de l'Aren* ou *Pas de l'Arenda*.

Nous sommes ici sur le tranchant d'une arête qui forme
la ligne frontière entre la France et l'Italie. En se prolongeant vers le nord, cette limite entre les deux États touche le
Grand Chignon de Rabuons, la cime de la Rocca Rossa, le
Ténibres, la Tête de l'Ubac, la Tête des Lacs de Maria, le
Mont Vallonet, la cime de Blancias, le Mont Dal et le Mont
Pé Brun jusqu'au Rocher des Trois-Évêques et elle se dirige
vers le sud en suivant les cimes de Cialancias, de Malaterra
et de Collalunga. Cette division politique est très naturellement établie jusqu'à ce dernier point, puisqu'elle repose sur
la ligne de partage des eaux entre la Tinée et la Stura. On
ne peut en dire autant du reste de la frontière du département des Alpes-Maritimes, qui se dessine un peu au hasard
par monts et vallées.

En arrivant à 11 heures 30 au Pas d'Ischiator, le décor
change subitement et, en se perdant au loin sur les sommités
au-delà de la Tinée, la vue plonge sur le grandiose bassin
des lacs de Rabuons, si superbement encadré par une série
de cimes dépassant 3 000 mètres (1).

Mon projet est de gravir la cime de Cialancias ; mais, pas
plus que mon compagnon, je n'ai de données sur la direction
à suivre. Nous cherchons d'abord à franchir la crête en
allant à gauche : nous reconnaissons bientôt que si ces
rochers sont praticables jusqu'au bout, leur traversée nécessitera un temps très long à cause des grandes précautions
dont il faudra s'entourer. Le mieux est donc de prendre une
autre route (2).

Au cours de mes recherches, j'ai fait dans les rochers du

(1) Voir ma précédente publication : *La Vallée de la Tinée.*
Nice, 1894, in-8e de 60 p. (Extrait du 14e Bulletin de la Section des
Alpes-Maritimes du Club Alpin Français).

(2) J'ai lu depuis dans le Guide de Vaccarone que du Pas
d'Ischiator, en tournant au sud-est, on peut, par une crête très
difficile, monter à la cime de Corborant ou Cialancias. L'arête
dont je viens de parler, est-ce bien celle indiquée par le Guide
comme très difficile ? Je le crois, puisqu'il n'en existe pas d'autre
et que l'orientation est identique.

Pas d'Ischiator une ample cueillette de génépis de la plus belle venue : c'est l'*Artemisia eriantha* Tenore, dont j'avais déjà signalé l'habitat près de la cime du Ténibres. Je n'avais jamais trouvé des exemplaires aussi remarquables, tant au point de vue de la grosseur de la fleur que de la force de la végétation. Je remarque des touffes fournies émettant plusieurs hampes florales élevées à gros capitules denses et plus larges qu'à l'ordinaire.

La cime de Cialancias (3 011 m.). — Nous décidons de descendre vers une grande combe qui nous sépare de la Cialancias : nous nous laissons glisser dans une espèce de couloir dont les débris se dérobent à chaque instant sous nos pas, emportant des énormes blocs dans les bas-fonds. Cette descente s'opère très prudemment.

Nous nous tenons le plus possible sur la hauteur ; nous traversons divers accidents de terrain. Il nous faut ensuite remonter une vaste combe encombrée par les rochers qui ne cessent de rouler des hautes murailles environnantes. Une grande nappe neigeuse se présente enfin devant nous, la seule que nous ayons eue à franchir aujourd'hui. C'est là, probablement, la *cialancia* (1), qui a donné son nom à la montagne. Il est assez difficile de trouver ces hauteurs aussi dépouillées de neige que cette année, et l'on peut bien dire que nous sommes ici sur une partie de terrain où la neige, abritée par les escarpements de la Cialancias, ne disparaît jamais. Nous taillons des marches sur la surface glacée d'une pente fortement inclinée et, après être passés sous le sommet qui, coté 2 962 mètres sur la carte italienne, domine au sud le lac Dernier d'Ischiator, nous arrivons à midi 20

---

(1) Le mot *cialancia* ou *talancia* indique une pente de neige ou de glace très inclinée et qui ne fond jamais : cette traînée neigeuse remplit ordinairement une rapide combe. Cette expression s'applique quelquefois par extension à un couloir d'éboulis. Le mot Cialancia se retrouve souvent dans la chaîne des Alpes : une cime de la crête qui unit le Tournairet au Caire Gros porte ce nom.

au haut de la combe, en vue du vallon de S. Bernoui. La vue est déjà bien étendue de ce point : le Grand Chignon de .Rabuons, le Ténibres, et, au loin, le Mont Viso, montrent leurs hautes cimes.

Il reste encore une escalade à exécuter pour atteindre la Cialancias : cette dernière partie est sauvage, abrupte et peu accessible. La roche est heureusement bien adhérente et, à l'aide de saillies, nous touchons à un épaulement qui nous permet de gagner la sommité sans trop d'efforts. A midi 45 nous étions à la *cime de Cialancias*, dont l'altitude est de 3 011 mètres d'après les cartes italiennes et celle du ministère de l'Intérieur, tandis que la carte de M. Conte-Grandchamps lui attribue 3 029 mètres et celle de l'État-Major français reproduit inexactement l'altitude de 2 998 mètres donnée par la carte sarde.

La vue de la cime de Cialancias qui accompagne cet article est prise du sommet du Grand Chignon de Rabuons. Elle montre, par conséquent, le versant nord par où j'ai escaladé la montagne. L'on voit, à gauche, la cime aiguë cotée 2 962 mètres, puis le petit col en haut de la pente neigeuse et l'épaulement à côté duquel se trouve la cime même de Cialancias. Un peu à droite, la crête se termine par une autre pointe, moins élevée que la grande cime. Peut-être est-ce là le point 2 993 mètres porté sur la carte italienne au 50 000°.

Les cartes ne s'accordent pas sur la dénomination de cette montagne : d'une part, les cartes françaises l'appellent cime de Cialancias, et de l'autre, les italiennes ainsi que le Guide de Vaccarone emploient le terme de Corborant. La carte sarde lui donne cette double appellation.

Les Tinéens connaissent ce mont sous le nom de Cialancias et peut-être est-il dénommé Corborant par les gens de la Stura. Cette cime porterait ainsi un nom différent dans chaque vallée ; c'est le cas du Grand Chignon de Rabuons qui, ainsi appelé à Saint-Etienne, reçoit l'appellation de Bec-Haut d'Ischiator du côté de la Stura.

Je m'en tiendrai donc au nom de Cialancias, puisque c'est ainsi que ce sommet est généralement connu, tout en retenant que le nom de Corborant s'applique à ce même point. Le nom de Cialancias me paraît, du reste, préférable à celui de Corborant, ne serait-ce que pour empêcher une confusion possible avec le Becas de Corborant, également situé dans le haut vallon de S. Bernoui, à côté de la cime de Malaterra.

La Cialancias occupe, avec le Grand Chignon de Rabuons et le Ténibres, un des trois points les plus élevés de la majestueuse ceinture qui entoure le grand lac de Rabuons : ses contreforts se prolongent dans la direction du lac en étalant de ce côté-là des parois inaccessibles. C'est par une de ces pentes que nous avons vainement tenté de redescendre.

Le 13 juin 1894, mon ami René Thierry et moi, avions essayé d'arriver au sommet en escaladant les pentes ouest à partir de l'embouchure du lac de Rabuons, mais une tempête de neige arrêta notre marche et rendit notre tentative infructueuse.

Le panorama dont on jouit de la cime de Cialancias est sans doute admirable, surtout quand on est assez heureux pour y arriver avec le superbe temps que nous eûmes ce jour-là, mais, si mes souvenirs sont fidèles, la vue du Grand Chignon et du Ténibres vaut mieux, et ces deux hautes montagnes resteront toujours comme les points les plus intéressants à gravir dans cette région.

Après avoir considéré l'immense panorama qui comprend, non seulement toute la partie montagneuse de la haute Tinée, ainsi que la chaîne des Alpes Maritimes se déroulant du nord-ouest au sud-est, mais encore, au loin, le Mont Viso et les glaciers du Mont-Rose, nous songeons, à 1 heure 15, à redescendre la paroi de rochers gravie il y a une heure. L'inclinaison est très marquée : il faut tour à tour traverser des pentes de neige et des éboulis, puis des rochers. Nous nous rapprochons du lac sur le bord duquel se trouvent des gazonnements.

Tout près de la cabane du pêcheur, à 2 heures 15, nous nous installons pour déjeuner. C'est un beau point de vue que celui que nous avons sous les yeux : un lac de 33 hectares à 2 500 mètres ! Malgré l'altitude, le soleil darde sur nous des rayons brûlants et nous devons nous garantir contre ses atteintes. A 2 heures 50, nous suivons sur les bords du lac la trace du sentier qui nous amène en moins d'une demi-heure à l'embouchure du lac, où nous échangeons quelques paroles avec deux fidèles gardiens de la frontière venus à notre rencontre. Par le chemin habituel du vallon de Rabuons, nous étions rendus à 5 heures du soir à Saint-Étienne.

Les jours suivants, je devais poursuivre d'autres excursions à travers les hautes régions de la Tinée et du Var (1). Une fois de plus, j'ai éprouvé le plaisir de constater combien les Alpes Maritimes sont dignes de l'attention du touriste !

------◆-●-◆------

(1) Voir ma précédente publication : *Autour de la Source du Var.* Nice, 1895, in-8° de 35 p. (Extrait du 15ᵉ Bulletin de la Section des Alpes-Maritimes du Club Alpin Français).

9 782019 224943